종이인형으로
추억 여행을 떠나보세요

동화 소녀 종이인형 세계에 들어오신 것을 환영합니다.
이제 27명의 동화 속 소녀들이 당신을 반길 것입니다.
복잡한 생각을 버리고 좋아하는 음악을 들으면서 마음 편히 집중해보세요.
순수하고 맑았던 기억이 새록새록 떠올라 웃음 지어질 거예요.
가장 중요한 것은 오리는 이 시간을 즐기는 것입니다.
자, 이제 시작해볼까요?

랄라예나의 동화 소녀 종이인형

1판 1쇄 발행 2016년 9월 26일 | 1판 15쇄 발행 2024년 2월 1일
지은이 랄라예나(윤예나) | 발행인 양원석 | 편집장 차선화 | 디자인 박재원 | 영업마케팅 윤우성, 박소정, 이현주
펴낸 곳 ㈜알에이치코리아 | 주소 서울시 금천구 가산디지털2로 53, 20층 (가산동, 한라시그마밸리) | 편집문의 02-6443-8861 | 도서문의 02-6443-8800
홈페이지 http://rhk.co.kr | 등록 2004년 1월 15일 제2-3726호 | ISBN 978-89-255-6001-4 (13630)

※ 이 책은 ㈜알에이치코리아가 저작권자와의 계약에 따라 발행한 것이므로 본사의 서면 허락 없이는 어떠한 형태나 수단으로도 이 책의 내용을 이용하지 못합니다.
※ 잘못된 책은 구입하신 서점에서 바꾸어 드립니다.
※ 책값은 뒤표지에 있습니다.

동화 속 배경을 액자에 끼우거나 코팅해서 나만의 예쁜 인테리어 소품을 만들어 보세요.

동화 속 풍경을 세워놓고 종이인형을 함께 찍어 나만의 멋진 sns 사진을 올려보세요.